華夏
萬卷
华夏万卷 ®
让人人写好字 ▲

现代汉语

3500

高频常用字

周培纳 | 书　华夏万卷 | 编

教学版

正　楷

上海交通大学出版社
SHANGHAI JIAO TONG UNIVERSITY PRESS

图书在版编目（CIP）数据

现代汉语 3500 高频常用字. 正楷：教学版 / 周培纳
书；华夏万卷编. —上海：上海交通大学出版社，
2020

ISBN 978-7-313-23363-9

Ⅰ. ①现… Ⅱ. ①周… ②华… Ⅲ. ①硬笔字—楷书
—法帖　Ⅳ. ①J292.12

中国版本图书馆 CIP 数据核字（2020）第 096565 号

现代汉语 3500 高频常用字 (正楷)·教学版
XIANDAI HANYU 3500 GAOPIN CHANGYONGZI (ZHENGKAI)·JIAOXUE BAN

周培纳　书　　华夏万卷　编

出版发行：上海交通大学出版社		地　址：上海市番禺路 951 号	
邮政编码：200030		电　话：021-64071208	
印　刷：成都蜀望印务有限公司		经　销：全国新华书店	
开　本：889mm×1194mm　1/16		印　张：9	
字　数：72 千字			
版　次：2020 年 7 月第 1 版		印　次：2020 年 7 月第 1 次印刷	
书　号：ISBN 978-7-313-23363-9			
定　价：22.00 元			

目录

同形结构

汉字中有一类特殊结构,整个字都由几个相同部件构成,如左右同形、上下同形、品字结构等。书写这样的字注意部件写法不能完全相同,要在大小和形态上有区别。

左右同形

左小右大　双

常见错误　×双　左部过大

上下同形

上小下大　炎

常见错误　炎×　上部过大

品字结构

捺画变点　众

常见错误　众×　捺画过长

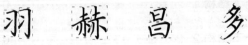

羽　赫　昌　多

同形结构的字在书写的时候注意两部要写得有差异,一般上小下大,左小右大。

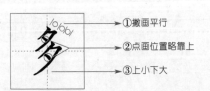

多
①撇画平行
②点画位置略靠上
③上小下大

控笔训练

　　为什么写字歪歪扭扭？为什么临摹了一堆字帖，还是写不好字？运笔不流畅，书写不稳定，为什么？——不是不努力，不是不用心，更不是没天分，只因为没有练好控笔。

　　什么是控笔？

　　控笔是指控制笔的技巧与对笔的运用能力。通过控笔训练，能有效锻炼腕力及手眼的协调能力，从而提升练字效果。这里我们提供了一些控笔训练线条和图形，以画横线、竖线、斜线、折线、曲线等方式，训练指法和腕法，掌握书写节奏，更好地为练字打基础。

相关笔画：右点、长横、悬针竖、斜撇

半包围结构的字常见的还有左包右、上包下两种，书写时注意被包围部分的位置。左包右的字，被包围部分在字框中居中。上包下的字，被包围部分在字框中略靠上。全包围的字外框方正，被包围部分在字框中居中。

包围结构 2

左包右

左上可留气口

医

被包围部分居中

常见错误　医✗　被包围部分靠下

上包下

点画靠上

问

被包围部分略靠上

常见错误　问✗　被包围部分靠下

全包围

被包围部分居中

国

框形方正

常见错误　国✗　被包围部分过大

医 医 医 医 医 医
匠 匠 匠 匠 匠 匠
匹 匹 匹 匹 匹 匹
问 问 问 问 问 问
风 风 风 风 风 风
网 网 网 网 网 网
国 国 国 国 国 国
园 园 园 园 园 园
因 因 因 因 因 因

匪 周 闭 图

在书写全包围的字时，被包围部分应居中，形不宜大；包围部分应框型方正，左上可不封口。

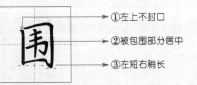

围

→ ①左上不封口
→ ②被包围部分居中
→ ③左短右稍长

匪 周 闭 图 围
匪 周 闭 图 围

相关笔画：斜捺、横折、竖折、横钩、竖提

包围结构 1

包围结构的汉字可分为半包围与全包围。半包围结构又可分成左上包、右上包、左下包等形式。左上包和右上包的字，被包围部分一般略靠外。左下包的字，被包围部分一般靠内。

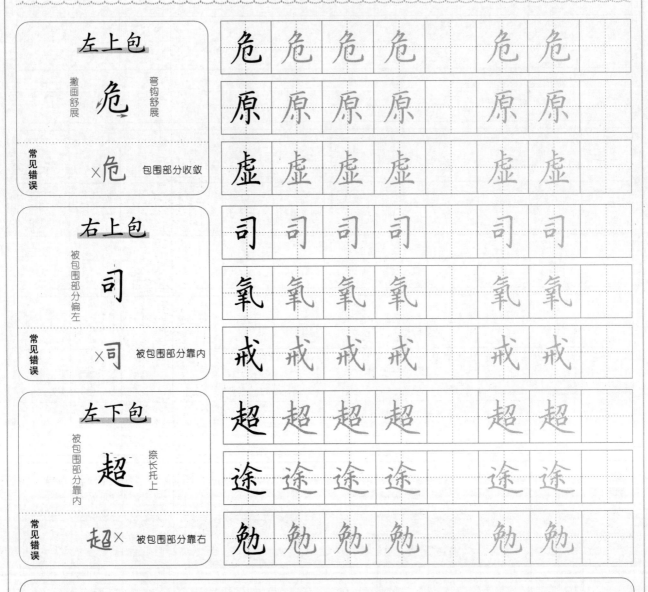

左上包

撇画舒展　弯钩舒展

危

常见错误　×危　包围部分收敛

危　危　危　危　危　危

原　原　原　原　原　原

虚　虚　虚　虚　虚　虚

右上包

被包围部分偏左

司

常见错误　×司　被包围部分靠内

司　司　司　司　司　司

氧　氧　氧　氧　氧　氧

戒　戒　戒　戒　戒　戒

左下包

被包围部分靠内

超　捺长托上

常见错误　超×　被包围部分靠右

超　超　超　超　超　超

途　途　途　途　途　途

勉　勉　勉　勉　勉　勉

床　疼　匀　逆

左下包结构的字，包围部分比被包围部分笔画复杂时，一般应写得外高内低，如含走字底、鬼字底的字；被包围部分笔画比包围部分笔画复杂时，应写得外低内高，如含走之、建之旁的字。

①被包围部分低于包围部分
②捺画变点
③竖弯钩舒展

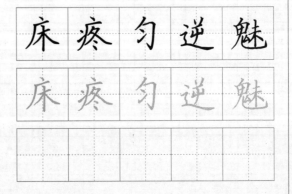

床	疼	匀	逆	魅
床	疼	匀	逆	魅

相关笔画:斜钩、卧钩、横折折折钩、撇折、横撇

上下结构 2

上下结构的字按笔画收放可分为上展下收、上收下展、上下等宽三种。书写这类字时要注意上下部的横向笔画不应全都舒展，可以有收有放，也可以都收敛。

上展下收

撇捺舒展　竖笔内收

杏

常见错误　✕杏　撇捺收敛

上收下展

上部紧凑　横长托上

妥

常见错误　妥✕　横画太短

上下等宽

横笔收敛

范

常见错误　范✕　竖弯钩太长

杏　杏　杏　杏　　杏　杏

春　春　春　春　　春　春

金　金　金　金　　金　金

妥　妥　妥　妥　　妥　妥

怎　怎　怎　怎　　怎　怎

杰　杰　杰　杰　　杰　杰

范　范　范　范　　范　范

霸　霸　霸　霸　　霸　霸

壁　壁　壁　壁　　壁　壁

备　吝　苍　孟

上部具有撇捺结构的字一般上展下收。书写时注意撇捺要舒展，盖住下部；下部要收敛，不要写得过宽。上收下展正好相反。

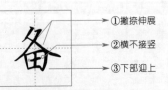
备
→①撇捺伸展
→②横不接竖
→③下部迎上

备　吝　苍　孟　蛮

备　吝　苍　孟　蛮

常见的点画有左点、右点、挑点等。左点入笔较轻，从右上向左下行笔，上细下粗。右点轻入笔，从左上向右下行笔，尖头圆尾。挑点是右点的变形，行笔至末端时向右上挑出，形不宜大。点画在字中位置多变，书写时要注意不同位置点画的长短和角度。

扫码看视频

写好不同位置的点

左点

轻入笔　头尖尾粗

常见错误　太长　头重尾轻　太平

小　小　小　小　小　小

办　办　办　办　办　办

刃　刃　刃　刃　刃　刃

右点

轻入笔　注意长短和角度

常见错误　太弯　头重尾轻　太直

言　言　言　言　言　言

今　今　今　今　今　今

勺　勺　勺　勺　勺　勺

挑点

落笔稍顿　向右上挑

常见错误　出锋太长　出锋无力　太大

弟　弟　弟　弟　弟　弟

栏　栏　栏　栏　栏　栏

念　念　念　念　念　念

举一反三　杂　必　协　去　台　凡　乏　传　恩　忍　虑

上下结构 1

上下结构的字按上下两部的宽窄可分为上宽下窄、上窄下宽、上下等宽三种。书写这类字时要注意上下部的宽窄关系,要有宽有窄,或是收敛等宽。

上宽下窄

上部宽扁 **罗** 下部窄长

常见错误 罗✗ 上下等宽

罗	罗	罗	罗		罗	罗

盲	盲	盲	盲		盲	盲

贪	贪	贪	贪		贪	贪

上窄下宽

撇捺舒展 **茶** 横画收敛

常见错误 茶✗ 上宽下窄

茶	茶	茶	茶		茶	茶

享	享	享	享		享	享

灵	灵	灵	灵		灵	灵

上下等宽

上、下均无横向主笔,整体收敛 **岗**

常见错误 岗✗ 上部过宽

岗	岗	岗	岗		岗	岗

筒	筒	筒	筒		筒	筒

宗	宗	宗	宗		宗	宗

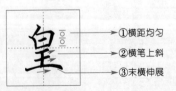

货 势 皇 萌

在书写上窄下宽的字时注意上部横向笔画要收敛;下部的横向主笔要伸展,托住上部。上宽下窄的字则上部宽大,以盖下部。

皇
→①横距均匀
→②横笔上斜
→③末横伸展

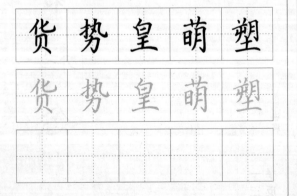

货	势	皇	萌	塑
货	势	皇	萌	塑

横要左低右高

常见的横画有长横、中横、短横等。长横书写要有粗细变化;中横相比长横,粗细变化不大;短横起笔较轻,收笔略顿。在书写时,为了整体的美观,横画不能写得过于平直,一般要左低右稍高。

扫码看视频

长横

先斜后平 　　　先细后粗

常见错误　太斜　太弯　太短

一 一 一 一 一 一

上 上 上 上 上 上

辛 辛 辛 辛 辛 辛

干 干 干 干 干 干

中横

略向上斜　　收笔略顿

常见错误　顿笔太重　太斜　太弯

一 一 一 一 一 一

并 并 并 并 并 并

士 士 士 士 士 士

苦 苦 苦 苦 苦 苦

短横

收笔略顿

常见错误　太长　头重尾轻　太斜

一 一 一 一 一 一

日 日 日 日 日 日

月 月 月 月 月 月

归 归 归 归 归 归

举一反三　于 井 五 车 太 戈 壳 丰 丘 目 生

左右结构的字按左右两部的长短分左长右短、左短右长和左右等长这三种情况。书写时注意两部纵向笔画的长度，处理好两部的长短关系，右短的居中，左短的靠上。

左右结构 2

左长右短

竖画下伸 **和** 右部居中

常见错误 **和**✗ 右部过大

和	和	和	和		和	和
扛	扛	扛	扛		扛	扛
弘	弘	弘	弘		弘	弘

左短右长

形小靠上 **叶** 竖画下伸

常见错误 ✗**叶** 左部过长

叶	叶	叶	叶		叶	叶
贴	贴	贴	贴		贴	贴
峰	峰	峰	峰		峰	峰

左右等长

左部收敛 **敝** 捺画舒展

常见错误 **敝**✗ 右部收敛

敝	敝	敝	敝		敝	敝
饱	饱	饱	饱		饱	饱
配	配	配	配		配	配

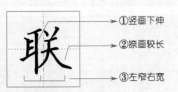

联 辆 旅 铃

左长右短的字左部的纵向笔画要直挺伸展，横向笔画要稍微收敛，突出纵向笔画。左短右长的字则左部形短，右部形长。

联
→ ①竖画下伸
→ ②捺画较长
→ ③左窄右宽

联	辆	旅	刘	铃
联	辆	旅	刘	铃

竖要挺拔有力

常见的竖画有垂露竖、悬针竖、短竖等。垂露竖起笔稍顿，垂直下行，末端呈露珠状；悬针竖体态垂直，尾部出尖。垂露竖和悬针竖都要写得直挺有力，支撑字形。短竖比较特殊，它的长短、粗细、斜度要因字而定。

扫码看视频

垂露竖

尾部垂露　垂直下行

常见错误：顿笔过重　垂露稍重　不直

丨	丨	丨	丨		丨	丨
木	木	木	木		木	木
乍	乍	乍	乍		乍	乍
爪	爪	爪	爪		爪	爪

悬针竖

顿笔下行　上重下轻

常见错误：竖画无力　没有出锋　不直

丨	丨	丨	丨		丨	丨
十	十	十	十		十	十
早	早	早	早		早	早
羊	羊	羊	羊		羊	羊

短竖

起笔稍顿　形态短小

常见错误：太长　太斜　顿笔过重

丨	丨	丨	丨		丨	丨
工	工	工	工		工	工
止	止	止	止		止	止
先	先	先	先		先	先

举一反三：卜 中 甲 申 布 币 市 站 卢 青 变

左右结构 1

左右结构的字在汉字中的占比较大，按左右两部的宽窄分类有左窄右宽、左宽右窄和左右等宽。书写这类字的时候要注意笔画的收放，左右部的笔画要互相配合，不能争位，该窄的不能写宽，该宽的不能写窄。

左窄右宽						
左部窄长 **肥**	肥	肥	肥	肥		肥	肥
常见错误 ×肥 左部过宽	旺	旺	旺	旺		旺	旺
	们	们	们	们		们	们

左宽右窄						
左部上斜 **到** 右部窄长	到	到	到	到		到	到
常见错误 到× 右部过宽	都	都	都	都		都	都
	彩	彩	彩	彩		彩	彩

左右等宽						
横画左伸 **甜** 两部等长	甜	甜	甜	甜		甜	甜
常见错误 ×甜 左窄右宽	敖	敖	敖	敖		敖	敖
	积	积	积	积		积	积

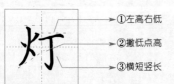

在书写左右结构的字时，要注意两边协调。结构复杂、笔画较多的部件要写得紧凑一些，笔画少则要舒展，但互不粘连。

灯 —→ ①左高右低
—→ ②撇低点高
—→ ③横短竖长

扫码看视频

撇末要出锋

常见的撇画有斜撇、竖撇、平撇等。斜撇行笔由重到轻，可略带弧度；竖撇先竖后撇，撇尾出尖；平撇起笔较重，角度稍平，形态较小。书写撇画时要注意行笔的力度，由重到轻，撇末出锋。

斜撇

先重后轻　略带弧度

常见错误：没有轻重变化　太弯　笔末带钩

ノ ノ ノ ノ ノ ノ

余 余 余 余 余 余

友 友 友 友 友 友

少 少 少 少 少 少

竖撇

先竖后撇　撇末出锋

常见错误：太弯　出撇太晚　出撇太早

丿 丿 丿 丿 丿 丿

吏 吏 吏 吏 吏 吏

史 史 史 史 史 史

班 班 班 班 班 班

平撇

形态短平　起笔较重

常见错误：太斜　太长　顿笔过重

一 一 一 一 一 一

丢 丢 丢 丢 丢 丢

千 千 千 千 千 千

舌 舌 舌 舌 舌 舌

举一反三　左 少 犬 末 术 形 阴 舟 乎 受 乔

独体字

独体字看似笔画较少，简单易写，但在实际书写中还是有一定难度的。我们要观察独体字的字形，结合笔画进行书写。

矩形

整体形长

用

常见错误　用✕　太宽

梯形

横长托上

且

常见错误　且✕　太扁

三角形

上窄下宽

土

常见错误　土✕　上横太长

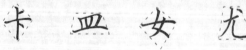

独体字的字形有很多种，不能按同一种字形书写，如：圆形的字笔画要向四周伸展，扁方形的字竖画不能写长，梯形的字要注意上窄下宽。

→ ①竖画内收

→ ②横长托上

→ ③字形宽扁

捺画平向出锋

常见的捺画有斜捺、平捺、反捺等。斜捺运笔由轻到重，至捺尾处平向出锋；平捺一波三折，尾部和斜捺相同，平向出锋；反捺较为特殊，形似长点，捺尾不出锋，常用于有两个以上捺画的字中。

扫码看视频

斜捺

先轻后重　方向改变

常见错误　头尾一样重　尾部上翘　捺尾方向不变

ヽ 合 艾 谷

平捺

注意方向　一波三折

常见错误　太平　尾部上翘　起伏过大

乀 之 边 廷

反捺

由轻到重　形似长点

常见错误　没有粗细变化　太直　太弯

乀 奏 食 炎

举一反三　公 又 支 次 过 迎 这 芝 以 退 延

常用楷书书写规则还有穿插避让、相互呼应、疏密得当等。穿插避让和相互呼应就是笔画、部件的相互配合,包括位置、大小等方面。疏密得当指的是笔画较少的字,笔画要相对分散一点;笔画较多的字,笔画要收紧、聚拢一些。

结构常用规则2

穿插避让

笔画右齐　　笔画穿插

枚

常见错误　枚 ✗　右部撇画过长

枚	枚	枚	枚		枚	枚
妙	妙	妙	妙		妙	妙
好	好	好	好		好	好

相互呼应

笔画呼应　　笔势相连

娇

常见错误　✗ 娇　"女"部过正

娇	娇	娇	娇		娇	娇
转	转	转	转		转	转
参	参	参	参		参	参

疏密得当

笔画分散

幺

常见错误　幺 ✗　笔画过紧

幺	幺	幺	幺		幺	幺
藏	藏	藏	藏		藏	藏
柴	柴	柴	柴		柴	柴

孩 软 绊 成

在书写由几部分组成的字时,注意笔画的收放与位置,要有收有放,相互穿插,错落有致。

软

①提画左伸
②撇收捺放
③左窄右宽

孩	软	绊	成	荐
孩	软	绊	成	荐

常见的提有长提、短提。长提和短提的长短不同，书写方法相同，行笔都是由重到轻，从左下向右上提出，出锋要快而有力。竖提由竖画和提组合而成，应注意出锋勿长。

提要出锋迅速

长提

出锋迅速

行笔由重到轻

常见错误

顿笔过重　太短　没有顿笔

ノ ノ ノ ノ 　 ノ ノ

习 习 习 习 　 习 习

我 我 我 我 　 我 我

捉 捉 捉 捉 　 捉 捉

短提

形态勿大

常见错误

太长　太平　提出无力

ノ ノ ノ ノ 　 ノ ノ

习 习 习 习 　 习 习

北 北 北 北 　 北 北

红 红 红 红 　 红 红

竖提

提出有力

常见错误

出提太短　竖笔太斜　提出无力

し し し し 　 し し

比 比 比 比 　 比 比

以 以 以 以 　 以 以

衣 衣 衣 衣 　 衣 衣

举一反三　托 打 坏 地 如 物 功 民 切 张 抵

结构常用规则 1

楷书有一些常用的书写规则，如主笔突出、中宫收紧、间距均匀等。主笔就是主要笔画，写字时要突出主笔，体现精神。中宫就是字的中心，中心笔画要收敛聚拢，外部笔画舒展外放。间距均匀就是字中笔画要有疏有密，分布匀称。

扫码看本章视频

主笔突出						
撇捺伸展 个						
常见错误 ×个 撇捺收敛	个	个	个	个		个	个

个	个	个	个		个	个
卫	卫	卫	卫		卫	卫
午	午	午	午		午	午

中宫收紧

中部收紧 乘

常见错误 乘× 笔画分散

乘	乘	乘	乘		乘	乘
垂	垂	垂	垂		垂	垂
商	商	商	商		商	商

间距均匀

横画等距 其

常见错误 其× 横距不均

其	其	其	其		其	其
世	世	世	世		世	世
冒	冒	冒	冒		冒	冒

千　广　奏　州

字中有一笔是主笔，应舒展大方。间距均匀的字在书写时要注意笔画的间距，平行笔画的间距不能过大，分布要均匀。

顺
→ ①竖向等距
→ ②撇高点低
→ ③左窄右宽

千	广	奏	州	顺
千	广	奏	州	顺

钩画出钩
短小有力

常见的带钩笔画有横钩、竖钩、斜钩等。横钩横笔略上斜，出钩有力，钩身勿长；竖钩体态直长，出钩向左上；斜钩略带弧度，出钩向上。带钩笔画出钩不宜长，要短小有力。

扫码看视频

横钩

横笔略向右上斜　出钩勿长

常见错误　转折生硬　出钩太长　顿笔过度

一	一	一	一		一	一
字	字	字	字		字	字
欠	欠	欠	欠		欠	欠
买	买	买	买		买	买

竖钩

出钩短而有力　竖笔直挺

常见错误　竖不直　出钩太长　出钩太平

亅	亅	亅	亅		亅	亅
可	可	可	可		可	可
才	才	才	才		才	才
寸	寸	寸	寸		寸	寸

斜钩

略带弧度　出钩向上

常见错误　太直　太弯　出钩无力

㇂	㇂	㇂	㇂		㇂	㇂
式	式	式	式		式	式
戏	戏	戏	戏		戏	戏
昏	昏	昏	昏		昏	昏

举一反三

| 军 | 它 | 皮 | 水 | 刚 | 村 | 寻 | 赤 | 武 | 成 | 代 |

撰	幢	16画	濒	糙	橙	橱	篡	踱	噩	篙	撼
翰	憾	蟥	霍	冀	缰	鲸	蕾	擂	篱	燎	窿
蟆	螟	穆	螃	蓬	瓢	黔	擎	腐	蹂	儒	霎
擅	膳	薇	懈	薛	瘾	鹦	噪	辙	17画	癌	簇
瞪	鳄	壕	嚎	徽	豁	礁	爵	僵	瞭	镣	磷
檩	檬	朦	糜	藐	懦	臊	赡	曙	蟀	瞬	踢
檀	瞳	臀	魏	蟋	檐	18画	壁	戳	襟	癞	藕
瀑	鳍	藤	嚣	瞻	19画	鳌	簸	簿	蹭	蹬	羹
靡	蘑	孽	蟹	癣	攒	藻	20画	鬓	鳞	糯	譬
攘	蠕	巍	21画	躏	霹	髓	22画	瓢	镶	蘸	24画
矗											

国字框

口

国字框注意上下两横要平行，左上可以不封口。整体呈长方形，含国字框的字被包围部分位置居中。

囚	困	团	圆	

常见的带折笔画有横折、竖折、撇折等。横折先横后竖，竖笔略内收；竖折先竖后横，折处宜方。横折和竖折的横、竖长短因字而异。撇折先撇后提，要注意夹角大小。带折笔画的折角处要劲挺刚健，运笔有力。

扫码看视频

折要健壮有力

横折

横笔由轻到重　夹角较大

常见错误：横笔太斜　转折过圆　转折无顿笔

┐	┐	┐	┐		┐	┐
右	右	右	右		右	右
当	当	当	当		当	当
贝	贝	贝	贝		贝	贝

竖折

顿笔下行　横笔扛肩

常见错误：转折僵硬　没有顿笔　转折太圆

∟	∟	∟	∟		∟	∟
牙	牙	牙	牙		牙	牙
甘	甘	甘	甘		甘	甘
区	区	区	区		区	区

撇折

注意夹角

常见错误：夹角过大　夹角过小　折笔无力

∠	∠	∠	∠		∠	∠
动	动	动	动		动	动
会	会	会	会		会	会
乡	乡	乡	乡		乡	乡

举一反三

| 田 | 四 | 面 | 亡 | 凶 | 画 | 柜 | 抬 | 幼 | 给 | 治 |

硼	鹏	频	聘	蒲	跷	寝	蓉	溶	腮	瑟	煞
嗜	署	蜀	溯	嗦	搪	誊	颓	蜕	嗡	蜗	蜈
鹉	媳	暇	锨	腺	楔	嗅	靴	衙	肆	溢	颖
蛹	猿	斟	稚	锥	滓	14画	蔼	熬	碴	蝉	雌
粹	瘩	嘀	嫡	碟	镀	孵	箍	寡	赫	褐	箕
碱	酵	兢	慷	寥	蔓	幔	摹	蔫	喊	榕	僧
墅	漱	隧	谭	碳	舔	褪	蔚	瘟	熙	辖	箫
漩	熏	漾	缨	踊	舆	辕	彰	蔗	榛	赘	15画
鞍	澳	懊	磅	褒	蝙	膘	憋	瘪	嘲	澈	澄
醇	撮	墩	樊	敷	蝠	橄	镐	憨	鹤	嘿	蝗
稽	鲫	磕	蝌	澜	鲤	撩	嘹	潦	缭	凛	瘤
篓	履	撵	碾	镊	潘	澎	翩	谴	憔	撬	擒
褥	蕊	嘶	瘫	潭	豌	嬉	蝎	豫	蕴	憎	樟

技法讲解
JIFA JIANGJIE

门字框

门

门字框一般左竖短于右竖，点画略靠上。含门字框的字被包围部分居中靠上，形态勿大。

闲 间 闹 阅

常用字(2500字)

扫码看本章视频

《现代汉语常用字表》分为常用字(2500字)和次常用字(1000字)两个部分。根据汉字的使用频率,这里选取了学习、工作和生活中使用频率最高的汉字。掌握了这些常用字,能让日常书写顺畅自如,书写水平得到明显提高。下面我们将这些字按照"笔画+音序"的规则进行排列,以便大家查字和练习。建议搭配田字格本临写练习,也可以在空白纸张上反复练习,直至完全掌握。

1画	一	乙	2画	八	卜	厂	刀	丁	儿	二	几
九	了	力	乃	七	人	入	十	又	3画	才	叉
川	寸	大	凡	飞	干	个	工	弓	广	及	己
巾	久	口	亏	马	幺	门	女	乞	千	刃	三
山	上	勺	尸	士	土	丸	万	亡	卫	夕	习
下	乡	小	也	己	亿	义	于	与	丈	之	子
4画	巴	办	贝	比	币	不	仓	车	尺	仇	丑
从	丹	订	斗	队	乏	反	方	分	丰	风	凤
夫	父	冈	公	勾	互	户	化	幻	火	计	见
介	斤	今	仅	井	巨	开	孔	历	六	毛	木

技法讲解

单人旁

亻

单人旁撇画稍长;竖画为垂露竖,起笔于撇画的中下部;形态窄长。左部为单人旁的字结构一般左窄右宽。

| 仅 | 佳 | 倾 | 什 | | |

综	12画	隘	跋	掰	谤	愈	焙	渤	跛	掾	畴
揣	赐	搓	锉	氮	蒂	缔	奠	鼎	痘	牍	敦
遏	愕	筏	焚	赋	雇	棺	蛤	酣	韩	葫	痪
惶	蛔	棘	颊	溅	蒋	窖	窘	鹃	竣	揩	溃
揽	缆	榔	棱	雳	痢	晾	琳	硫	缕	氯	媒
媚	缅	渺	募	湃	彭	嵌	翘	琼	搔	骚	甥
赎	黍	酥	粟	遂	棠	啼	椭	腕	猬	晰	犀
湘	翔	硝	锌	猩	婚	喧	腌	蜓	堰	椰	腋
揖	壹	逾	喻	寓	粤	凿	喳	滞	椎	琢	揍
13画	靶	蓖	痹	缤	禀	蜇	痴	雏	椿	碘	碉
锭	睹	跺	辐	缚	裰	瑰	蒿	幌	畸	辑	嫉
剿	靖	楷	窟	筷	窥	魁	廓	榄	酪	楞	漓
馏	裸	锚	楣	锰	瞄	谬	馍	寞	睦	腻	溺

技法讲解

皿字底

皿

皿字底左右两竖要稍向内收敛，框内留空要均匀；底横要舒展伸长，托住上方。

盗　盐　益　盘

内 牛 匹 片 仆 气 欠 切 区 犬 劝 仁
认 仍 日 少 什 升 氏 手 书 双 水 太
天 厅 屯 瓦 王 为 文 乌 无 五 午 勿
心 凶 牙 以 艺 忆 引 尤 友 予 元 月
云 匀 允 扎 长 支 止 中 爪 专 5画 扒
白 半 包 北 本 必 边 丙 布 册 斥 出
处 匆 丛 打 代 旦 叨 电 叼 叮 东 冬
对 发 犯 付 甘 功 古 瓜 归 汉 号 禾
乎 汇 击 饥 记 加 甲 叫 节 纠 旧 句
卡 刊 可 兰 乐 礼 历 立 辽 另 令 龙
矛 们 灭 民 末 母 目 奶 尼 鸟 宁 奴
皮 平 扑 巧 且 丘 去 让 扔 闪 申 生
圣 失 石 史 示 世 市 术 甩 帅 司 丝

技法讲解
JIFA JIANGJIE

两点水
冫

两点水由右点和短提组成，上下两笔要笔断意连，相互呼应。两点水形态不宜大，在字中位于左部偏上。

冲 凉 冰 次

鸳	莹	鸯	袁	耘	砸	赃	斋	疹	挚	衷	桩
谆	酌	11画	庵	崩	绷	匾	彪	彬	舶	埠	曹
掺	阐	猖	绰	巢	捶	淳	崔	悴	措	掸	铛
裆	祷	掂	淀	惦	谍	兜	舵	堕	菲	啡	麸
袱	梗	菇	硅	涵	焊	鸿	唬	淮	焕	凰	晦
秽	祭	寂	矫	秸	眷	勘	铐	啃	眶	盔	傀
琅	敛	聊	菱	蛉	翎	琉	颅	铝	啰	逻	曼
冕	铭	捺	捻	徘	烹	啤	颇	菩	脯	畦	崎
掐	乾	蚯	蛆	躯	娶	痊	萨	啥	奢	赊	赦
笙	淑	庶	涮	硕	梭	琐	淌	笤	唾	惋	婉
偎	萎	谓	尉	梧	晤	铣	徙	舷	厢	萧	淆
啸	谐	衅	酗	涯	阎	谚	掖	谒	逸	淫	婴
萤	淤	隅	渊	酝	铡	绽	趾	掷	窒	蛀	缀

技法讲解 JIFA JIANGJIE

走之

之

走之的点画靠右；横折折撇勿长；平捺要一波三折，捺尾出锋较长。含走之的字被包围部分常高于走之。

四	他	它	台	叹	讨	田	头	外	未	务	仙
写	兄	穴	训	讯	央	业	叶	仪	议	印	永
用	由	右	幼	玉	孕	仔	轧	占	仗	召	正
只	汁	主	左	6画	安	百	毕	闭	冰	并	产
场	臣	尘	成	吃	池	驰	冲	充	虫	传	闯
创	此	次	存	达	当	导	灯	地	吊	丢	动
多	夺	朵	而	耳	伐	帆	防	仿	访	份	讽
伏	负	如	刚	各	巩	共	关	观	光	轨	过
汗	行	好	合	红	后	划	华	欢	灰	回	会
伙	圾	机	肌	吉	级	纪	夹	价	尖	奸	件
江	讲	匠	交	阶	尽	决	军	扛	考	扣	夸
扩	老	列	劣	刘	论	妈	吗	买	迈	芒	忙
米	名	那	年	农	兵	乒	朴	齐	岂	企	迁

口字旁

口

口字旁左竖和右竖下方略向内倾斜；两横平行，略向右上倾斜。整体形态短小，位居字的左上。

| 吐 | 叫 | 喊 | 吗 | | |

玲	胧	娄	峦	洛	昧	咪	闽	钠	娜	昵	柠
钮	虐	鸥	胚	屏	柒	荞	契	荠	俏	钦	氢
茸	飒	砂	珊	屎	拭	恃	烁	胎	恬	洼	诓
涎	挟	恤	炫	勋	逊	衍	砚	姚	奕	茵	荧
哟	幽	陨	蚤	栅	毡	栈	昭	狰	拯	蛊	轴
咨	籽	10画	埃	氨	俺	捌	笆	颁	梆	蚌	豹
葆	哺	豺	逞	瓷	挫	捣	涂	蚪	诽	羔	埂
耿	蚣	逛	郭	捍	悍	哼	桦	涣	唧	贾	钾
涧	倔	峻	骏	胯	莱	唠	烙	哩	莉	砾	债
凌	赂	莽	铆	娩	悯	馁	匿	聂	脓	诺	耙
畔	砒	圃	浦	栖	凄	脐	峭	窍	秦	卿	涩
秫	恕	栓	茸	崇	唆	袒	剔	涕	捅	驼	桅
紊	涡	焐	哮	殉	蚜	唁	鸯	舀	胰	殷	蚓

技法讲解 JIFA JIANGJIE

女字底

女

女字底撇点的撇较短，点较长，与斜撇形成整个字底的支撑；横画舒展，托住字的上部。

委 姿 姜 妾

乔 庆 曲 权 全 任 肉 如 伞 扫 色 杀

伤 舌 设 师 式 似 收 守 死 寺 岁 孙

她 汤 同 吐 团 托 网 妄 危 伟 伪 问

污 伍 西 吸 戏 吓 先 纤 向 协 邪 刑

兴 休 朽 许 血 旬 寻 巡 迅 压 亚 延

厌 扬 羊 阳 仰 爷 页 衣 亦 异 因 阴

优 有 屿 宇 羽 约 杂 再 在 早 则 宅

兆 贞 阵 争 芝 执 旨 至 众 舟 州 朱

竹 庄 壮 自 字 **7画** 阿 把 坝 吧 伴 扮

报 别 兵 伯 驳 补 步 材 财 灿 苍 层

岔 肠 抄 吵 扯 彻 辰 沉 陈 呈 迟 赤

初 串 床 吹 纯 词 村 呆 但 岛 低 弟

盯 钉 冻 抖 豆 杜 肚 吨 返 饭 泛 坊

言字旁

言字旁点画和横折提的
竖笔直对；横折提的横笔左低
右高，竖笔直挺，提锋较短。整
体形态窄长。

谈 语 话 讨

巫	芜	坞	匣	肖	芯	汹	轩	抑	邑	吟	佑
诈	杖	吱	肘	坠	灼	姊	诅	8画	哎	肮	绊
苞	卑	贬	秉	衩	刹	侈	宠	矾	肪	氛	忿
枫	拂	疙	苟	咕	沽	卦	诡	刽	函	杭	呵
弧	佬	疾	驹	沮	炬	咖	苛	坷	坤	咙	陋
侣	氓	玫	枚	弥	觅	泌	茉	陌	拇	姆	奈
狞	拧	泞	拗	疟	殴	帕	庞	咆	坯	坪	歧
祈	泣	怯	叁	苫	呻	绅	虱	枢	苔	昙	屉
拓	宛	枉	瓮	昔	侠	奄	肴	绎	郁	岳	账
沼	怔	帚	咒	拄	贮	拙	茁	卓	卒	9画	泵
秕	勃	茬	祠	玷	眈	钝	哆	垛	俄	饵	贰
钙	柑	拱	垢	闺	骇	侯	徊	宦	恍	茴	诲
荤	枷	荚	柬	诫	荆	韭	钧	拷	荔	俐	唎

技法讲解 JIFA JIANGJIE

心字底

心

心字底的三点注意要写在一条斜线上，相互呼应；卧钩出钩指向字心。在字中整体位置略偏右。

忠　恐　恋　思

芳 妨 纺 芬 吩 纷 坟 佛 否 扶 抚 附

改 肝 杆 纲 岗 杠 告 更 攻 贡 沟 估

谷 龟 还 含 旱 何 宏 吼 护 花 怀 坏

鸡 极 即 技 忌 际 歼 坚 间 角 劫 戒

进 近 劲 究 局 拒 均 君 抗 壳 克 坑

库 块 快 狂 旷 况 困 来 劳 牢 冷 李

里 丽 励 利 连 良 两 疗 邻 伶 灵 芦

陆 卵 乱 驴 麦 没 每 闷 免 妙 亩 纳

男 你 尿 扭 纽 弄 努 判 抛 批 评 启

弃 汽 抢 芹 穷 求 驱 却 扰 忍 沙 纱

删 社 伸 身 沈 声 时 识 寿 束 私 宋

苏 诉 坛 体 条 听 投 秃 吞 妥 完 汪

忘 违 围 尾 位 纹 我 沃 呜 吴 希 系

技法讲解
JIFA JIANGJIE

提土旁

土

提土旁由短横、竖画和
短提组成。整体形态窄长。

块 坛 址 增

次常用字(1000字)

次常用 1000 字虽然比前面的 2500 字使用频率稍低，但在我们的日常学习、生活中还是会经常遇到，所以我们也要能够辨认、使用。有了前面 2500 字的书写基础，写好这 1000 字就不再是难事了。本部分文字同样按照"笔画＋音序"的方式排列，帮助大家更有效率地练习。

2画	匕	刁	4画	歹	邓	丐	戈	讥	仑	冗	夭
5画	艾	凹	叭	尔	冯	夯	叽	卢	皿	囚	矢
凸	玄	乍	6画	邦	弛	讹	凫	亥	讳	阱	臼
诀	肋	吏	伦	吕	迄	纫	芍	讼	廷	驮	邢
匈	吁	旭	讯	驯	讶	吆	伊	夷	屹	迂	芋
仲	妆	7画	芭	扳	狈	庇	沧	权	忱	囱	伺
甸	妒	兑	扼	吠	芙	甫	肛	汞	罕	沪	妓
芥	鸠	玖	灸	坎	吭	抠	沥	吝	庐	卤	抡
沦	玛	牡	沐	呐	拟	呕	刨	沛	屁	呛	岖
韧	闰	杉	抒	吮	伺	汰	彤	囤	苇	纬	吻

病字头

广

病字头左边的点和提不要写得太大，两画要笔断意连。其他笔画的写法与广字旁相同。

疯	疾	症	痕	

闲	县	孝	辛	形	杏	秀	序	芽	呀	严	言
杨	妖	冶	医	役	译	饮	迎	应	佣	忧	邮
犹	余	园	员	远	运	灾	皂	灶	张	帐	找
折	这	针	诊	证	址	纸	志	助	住	抓	状
纵	走	足	阻	作	坐	8画	岸	昂	拔	爸	败
板	版	拌	饱	宝	抱	杯	备	奔	彼	变	表
拨	波	泊	怖	采	参	厕	侧	拆	昌	畅	炒
衬	诚	承	齿	抽	炊	垂	刺	担	单	诞	到
的	抵	底	典	店	钓	顶	定	法	范	贩	房
放	非	肥	肺	废	沸	奋	奉	肤	服	斧	府
咐	该	秆	供	狗	构	购	孤	姑	股	固	刮
乖	拐	怪	官	贯	规	柜	国	果	和	河	轰
呼	忽	狐	虎	画	话	环	昏	或	货	季	剂

技法讲解

山字旁

山

山字旁中间高两边低，三竖平行等距。整体形小居上，向右上倾斜。

| 峰 | 岖 | 峡 | 屿 | |

糖	蹄	薪	醒	燕	邀	赞	澡	赠	整	嘴
										17画
臂	辨	擦	藏	戴	蹈	繁	鞠	糠	螺	瞧
										霜
穗	霞	翼	赢	糟	燥	骤	**18画**	蹦	鞭	翻
										覆
镰	鹰	**19画**	瓣	爆	颤	蹲	疆	警	攀	**20画**
										灌
籍	嚼	魔	壤	嚷	耀	躁	**21画**	霸	蠢	露
										22画
囊	**23画**	罐								

技法讲解 JIFA JIANGJIE

广字旁

广

广字旁点画靠上，不与横画相连；横画勿长，略向右上斜，撇画要舒展。

席	底	座	庆	

佳	驾	肩	艰	拣	建	降	郊	杰	姐	届	金
茎	京	经	径	净	拘	居	具	卷	凯	炕	刻
肯	空	苦	矿	昆	垃	拉	拦	郎	泪	例	隶
怜	帘	练	林	岭	拢	垄	炉	虏	录	轮	罗
码	卖	盲	茅	茂	妹	孟	苗	庙	明	鸣	命
抹	沫	牧	闹	呢	泥	念	欧	爬	怕	拍	泡
佩	朋	披	贫	苹	凭	坡	泼	迫	妻	其	奇
浅	枪	侨	茄	青	顷	屈	取	券	乳	软	若
丧	衫	陕	尚	绍	舍	审	肾	诗	实	使	始
驶	势	事	侍	饰	试	视	受	叔	述	刷	饲
松	肃	所	抬	态	贪	坦	帖	图	兔	拖	驼
玩	往	旺	委	味	卧	武	物	析	细	贤	弦
现	限	线	详	享	些	胁	泄	泻	欣	幸	性

技法讲解 JIFA JIANGJIE

王字旁

王

王字旁两短横和提画间距相等，笔画右部对齐。整体形态窄长，向右上倾斜。

| 琳 | 环 | 现 | 玫 | |

8画 J—X

精	静	境	聚	颗	酷	蜡	辣	璃	僚	榴	漏
箩	骡	馒	漫	慢	貌	蜜	蔑	模	膜	慕	暮
嫩	酿	膀	漂	撇	魄	谱	漆	旗	歉	墙	锹
敲	蜻	熔	赛	裳	誓	瘦	摔	嗽	酸	算	缩
稳	舞	熄	鲜	熊	需	演	疑	蝇	愿	遭	榨
摘	寨	遮	蜘	赚	15画	暴	播	踩	槽	潮	撤
撑	聪	醋	稻	德	蝶	懂	额	稿	横	蝴	糊
慧	稼	箭	僵	蕉	靠	黎	瞒	霉	摩	墨	劈
僻	篇	飘	潜	趣	撒	蔬	熟	撕	艘	踏	膛
躺	趟	踢	题	慰	膝	瞎	箱	橡	鞋	颜	毅
樱	影	增	震	镇	嘱	撞	踪	醉	遵	16画	薄
壁	避	辨	辩	餐	操	颠	雕	糕	衡	激	缴
镜	橘	篮	懒	磨	默	凝	膨	器	燃	融	薯

草字头

艹

草字头的横画要根据下部形态而变化，下面有横向长笔画时，横就短一些；反之，就略长一些。

芽　蓝　菲　荷

姓 学 询 押 岩 炎 沿 夜 依 宜 易 英

拥 咏 泳 油 鱼 雨 育 枣 责 择 泽 闸

沾 斩 胀 招 者 侦 枕 征 郑 枝 知 肢

织 直 侄 帜 制 质 治 忠 终 肿 周 宙

注 驻 转 宗 组 **9画** 哀 按 袄 疤 柏 拜

帮 绑 胞 保 背 扁 便 标 柄 饼 玻 残

草 测 茶 查 差 尝 钞 城 持 除 穿 疮

春 促 带 贷 待 怠 胆 挡 荡 帝 点 垫

栋 洞 陡 毒 独 度 段 盾 罚 阀 费 封

疯 俘 赴 复 竿 钢 缸 革 阁 给 宫 钩

骨 故 挂 冠 鬼 贵 哈 孩 贺 很 狠 恨

恒 虹 洪 哄 厚 胡 哗 荒 皇 挥 恢 绘

浑 活 急 挤 迹 济 既 架 茧 俭 荐 贱

技法讲解

绞丝旁

纟

绞丝旁的两个撇折夹角大小不同,上大下小,提短而有力。整体形态窄长,笔画右部对齐。

纯 经 纪 统

缠	酬	稠	愁	筹	楚	触	锤	辞	慈	催	错
殿	叠	督	躲	蛾	蜂	缝	福	腹	概	感	搞
跟	鼓	跪	滚	槐	煌	毁	魂	嫁	煎	简	鉴
键	酱	解	锦	谨	禁	睛	舅	锯	跨	赖	蓝
滥	雷	廉	粮	梁	零	龄	溜	楼	碌	路	滤
锣	满	煤	蒙	盟	摸	漠	墓	幕	暖	蓬	碰
辟	签	遣	勤	鹊	群	瑞	塞	嗓	傻	摄	慎
输	鼠	数	睡	肆	塑	蒜	碎	塌	摊	滩	痰
塘	滔	腾	填	跳	腿	碗	微	雾	锡	溪	嫌
献	想	像	歇	携	新	腥	蓄	腰	摇	遥	意
榆	愚	愈	誉	源	韵	障	照	罩	蒸	置	罪
14画	榜	鼻	碧	蔽	弊	膊	察	磁	摧	翠	凳
滴	端	锻	腐	膏	歌	管	裹	豪	嘉	截	竭

宝盖

宀

宝盖的首点居中，左点可直可斜，横钩略向右上斜。下面有横向长笔画时，宝盖略窄；反之，宝盖略宽。

| 定 | 字 | 室 | 安 | |

剑 将 姜 奖 浇 娇 骄 狡 饺 绞 觉 皆
洁 结 界 津 矩 举 绝 俊 砍 看 科 咳
客 垦 枯 垮 挎 括 栏 览 烂 姥 垒 类
厘 炼 俩 亮 临 柳 律 络 骆 蚂 骂 脉
茫 冒 贸 眉 美 迷 勉 面 秒 某 哪 耐
南 挠 恼 逆 浓 怒 挪 趴 派 盼 叛 胖
炮 盆 拼 品 砌 洽 恰 牵 前 窃 侵 亲
轻 秋 泉 染 饶 绕 荣 绒 柔 洒 神 甚
牲 省 胜 狮 施 拾 食 蚀 柿 是 适 室
首 树 竖 耍 拴 顺 说 思 送 诵 俗 虽
炭 逃 剃 挑 贴 亭 庭 挺 统 突 退 挖
娃 歪 弯 威 畏 胃 闻 屋 侮 误 洗 虾
峡 狭 咸 显 险 宪 相 香 响 项 巷 卸

技法讲解

示字旁

礻

示字旁首点靠右，横撇向右上倾斜，竖画勿长，末点形态较小、粗细均匀。整体形态勿宽。

神 祝 祖 礼

慌	辉	惠	惑	集	践	椒	焦	搅	揭	街	筋
晶	景	敬	揪	就	慨	堪	棵	渴	裤	款	筐
葵	愧	阔	喇	腊	联	链	量	裂	搂	鲁	屡
落	蛮	帽	棉	牌	跑	赔	喷	棚	脾	骗	铺
葡	普	期	欺	棋	谦	腔	强	琴	禽	晴	趋
确	裙	然	惹	揉	锐	散	嫂	森	厦	筛	善
赏	稍	剩	湿	释	舒	疏	暑	属	税	斯	搜
锁	塔	毯	提	替	蜓	艇	童	筒	痛	蛙	湾
喂	温	窝	握	稀	喜	隙	羡	销	谢	雄	锈
絮	循	雅	雁	焰	谣	遗	椅	硬	游	愉	遇
御	裕	援	缘	越	暂	葬	渣	掌	筝	植	殖
智	粥	蛛	煮	铸	筑	装	滋	紫	棕	最	尊
13画	矮	碍	暗	摆	搬	雹	碑	鄙	滨	搏	睬

技法讲解

人字头

人

人字头的捺画起笔靠近撇画起笔，收笔处撇低捺高，撇捺舒展覆盖下部。上部有人字头的字整体上宽下窄。

仓	令	余	命		

信 星 型 修 须 叙 宣 选 削 鸦 哑 咽

研 殊 洋 养 咬 药 要 钥 姨 蚁 疫 音

姻 盈 映 勇 诱 语 狱 怨 院 咱 怎 眈

炸 战 赵 珍 政 挣 指 钟 种 重 洲 昼

柱 祝 砖 追 浊 姿 总 奏 祖 昨 10画 啊

唉 挨 爱 案 罢 班 般 倍 被 笔 毙 宾

病 剥 捕 部 蚕 舱 柴 倡 称 乘 秤 耻

翅 臭 础 畜 唇 脆 耽 党 档 倒 敌 递

爹 都 逗 读 顿 恶 饿 恩 烦 匪 粉 峰

逢 浮 俯 赶 高 哥 胳 格 根 耕 恭 躬

顾 桂 海 害 航 耗 浩 荷 核 烘 候 壶

换 唤 晃 悔 贿 获 积 疾 脊 继 家 监

兼 捡 健 舰 浆 桨 胶 轿 较 借 紧 晋

米字旁

米

米字旁横画勿长,左低右高,竖画交于短横的中部偏右处,撇画左伸。整体窄长。

粮 粘 糖 粒

情 球 渠 圈 雀 商 梢 蛇 深 婶 渗 绳
盛 匙 授 售 兽 梳 爽 随 探 堂 掏 萄
淘 梯 惕 添 甜 停 铜 桶 偷 屠 推 脱
晚 望 唯 维 悉 惜 袭 掀 衔 馅 象 斜
械 宿 虚 绪 续 悬 旋 雪 崖 淹 掩 眼
痒 窑 野 液 移 银 隐 营 庸 悠 渔 域
欲 跃 粘 崭 章 着 睁 职 猪 著 啄 族
做 　12画　 傲 奥 斑 棒 傍 堡 悲 辈 逼 编
遍 博 裁 策 曾 插 馋 敞 超 朝 趁 程
惩 厨 锄 储 喘 窗 葱 窜 搭 答 道 登
等 堤 跌 董 赌 渡 短 缎 惰 鹅 番 粪
愤 锋 幅 傅 富 溉 港 搁 割 隔 葛 辜
棍 锅 寒 喊 喝 黑 喉 猴 湖 猾 滑 缓

技法讲解
- JIFA JIANGJIE -

单耳刀
卩

单耳刀的横折钩横笔略
向右上斜，竖笔内收；末竖要
写直，向下伸展。整体不宜宽
过字的左部。

即 却 卵 印

浸	竞	酒	俱	剧	捐	倦	绢	烤	课	恳	恐
哭	宽	框	捆	狼	朗	浪	捞	涝	狸	离	栗
莲	恋	凉	谅	料	烈	铃	陵	留	流	旅	虑
埋	秘	眠	莫	拿	难	脑	能	娘	捏	旁	袍
陪	配	疲	瓶	破	剖	起	铅	钱	钳	悄	桥
倾	请	拳	缺	热	容	辱	润	弱	桑	晒	扇
晌	捎	烧	哨	射	涉	逝	殊	衰	谁	颂	素
速	损	笋	索	泰	谈	唐	倘	烫	涛	桃	陶
套	特	疼	调	铁	通	桐	透	徒	途	涂	袜
顽	挽	蚊	翁	悟	牺	息	席	夏	陷	祥	消
宵	晓	校	笑	效	屑	胸	羞	袖	绣	徐	鸭
烟	盐	艳	宴	验	秧	氧	样	倚	益	谊	涌
娱	浴	预	冤	原	圆	阅	悦	晕	栽	载	宰

技法讲解

石字旁

石

石字旁短横和斜撇不要
写得太长,"口"部上宽下窄。
整体不要写宽,位置略靠上。

碎 砍 研 确

脏 造 贼 窄 债 盏 展 站 涨 哲 浙 真

振 症 脂 值 致 秩 皱 珠 株 诸 逐 烛

准 捉 桌 资 租 钻 座 11画 笨 菠 脖 猜

彩 菜 惭 惨 铲 常 偿 唱 晨 崇 绸 船

凑 粗 逮 袋 淡 弹 蛋 盗 悼 得 笛 第

掉 堵 断 堆 符 辅 副 盖 敢 鸽 够 馆

惯 毫 盒 痕 患 黄 谎 婚 混 祸 基 寄

绩 假 检 减 剪 渐 脚 教 接 捷 惊 颈

竟 救 菊 据 距 惧 掘 菌 康 控 寇 啦

廊 勒 累 梨 犁 理 粒 脸 梁 辆 猎 淋

领 聋 笼 隆 鹿 率 绿 掠 略 萝 麻 猫

梅 萌 猛 梦 眯 谜 密 绵 描 敏 谋 您

偶 排 盘 培 捧 偏 票 萍 婆 戚 骑 清

技法讲解
JIFA JIANGJIE

右耳刀

阝

右耳刀的横撇弯钩要大，耳刀上小下大、上紧下松，竖画下伸。位于字的右部，位置靠下。

部 郊 郑 邻